BEI GRIN MACHT SICH IHR WISSEN BEZAHLT

- Wir veröffentlichen Ihre Hausarbeit, Bachelor- und Masterarbeit

- Ihr eigenes eBook und Buch - weltweit in allen wichtigen Shops

- Verdienen Sie an jedem Verkauf

Jetzt bei www.GRIN.com hochladen und kostenlos publizieren

Allheilmittel oder Teufelswerk? Eine Analyse der Beweggründe von Impfbefürworter*innen und Impfskeptiker*innen für oder gegen Schutzimpfungen

Hannah Pitz

Bibliografische Information der Deutschen Nationalbibliothek:

Die Deutsche Nationalbibliothek verzeichnet diese Publikation in der Deutschen Nationalbibliografie; detaillierte bibliografische Daten sind im Internet über http://dnb.d-nb.de abrufbar.

ISBN: 9783389095577
Dieses Buch ist auch als E-Book erhältlich.

© GRIN Publishing GmbH
Trappentreustraße 1
80339 München

Alle Rechte vorbehalten

Druck und Bindung: Books on Demand GmbH, Norderstedt Germany
Gedruckt auf säurefreiem Papier aus verantwortungsvollen Quellen

Das vorliegende Werk wurde sorgfältig erarbeitet. Dennoch übernehmen Autoren und Verlag für die Richtigkeit von Angaben, Hinweisen, Links und Ratschlägen sowie eventuelle Druckfehler keine Haftung.

Das Buch bei GRIN: https://www.grin.com/document/1525381

Philipps-Universität Marburg
Fachbereich 03: Gesellschaftswissenschaften und Philosophie

Allheilmittel oder Teufelswerk?
Eine Analyse der Beweggründe von Impfbefürworter*innen und Impfskeptiker*innen für oder gegen Schutzimpfungen

Angaben zur Prüfung:
im Modul: Einführung in den B.A. Soziologie
Titel der Lehrveranstaltung: Einführung in den B.A. Soziologie/Einführung in das Wissenschaftliche Arbeiten

Prüfungsdatum: 31.03.2021
WS/SoSe: WiSe 20/21

Angaben zur Person:
Name, Vorname: Hannah Lea Pitz

Immatrikuliert in Studiengang: Bachelor Soziologie
(Fach-)Semester: 1. Fachsemester

Inhaltsverzeichnis

1 Einleitung 1

2 Hinführung zu dem soziologischen Phänomen 1

3 Theoriebasis 2

   3.1 Begriffsdefinitionen 2

   3.2 Die Handlungstypologie nach Max Weber 3

4 **Analyse** 4

   4.1 Beweggründe von Impfbefürworter*innen für Impfungen 4

   4.2 Beweggründe von Impfskeptiker*innen gegen Impfungen 5

   4.3 Impfen als soziales Handeln 7

   4.4 Analyse der Beweggründe anhand Webers Handlungstypologie 7

5 Fazit 10

1 Einleitung

1796 wurde die erste Impfung gegen Pocken entwickelt. In Bezug auf diesen historischen Rückblick lässt sich erkennen, dass mit Auftreten der Impfungen auch das Impfgegnertum Kontroversen gegen die Pockenimpfung richtete. Also lässt sich festhalten, dass die Polarisierung der Bevölkerung in diesem Thema kein neues Phänomen ist (vgl. Meyer/Reiter 2004: 1184). „Impfen- ja oder nein? Kaum ein Gesundheitsthema erregt die Gemüter mehr als die Diskussion um Nutzen und Risiken von Impfungen." (Prosinger 2019: o.S.) Obwohl Impfen ein Thema ist, was jede*n Bürger*in betrifft und mit dem man sich früher oder später auseinandersetzen muss, ist das Impfen in Zusammenhang mit der Soziologie wenig beleuchtet worden. In Bezug auf Kinderimpfungen, die elterlichen Entscheidungsprozesse und theoretische Überlegungen, verfasste Peter Kriwy das Buch *Gesundheitsvorsorge bei Kindern- Eine empirische Untersuchung des Impfverhaltens bei Masern, Mumps und Röteln*. Dort verweist er auf verschiedene soziologische Theorien, um Erkenntnisse über den Entscheidungsprozess der Eltern zu gewinnen. Jener Ansatz ist für die Hausarbeit jedoch uninteressant, da sich in dieser Arbeit mit den Beweggründen für oder gegen eine Impfung beschäftigt wird. Das führt zu der Frage: „Inwiefern sind die Entscheidungsbegründungen von Impfbefürworter*innen und Impfskeptiker*innen für, beziehungsweise gegen eine Schutzimpfung durch Webers Handlungstypologie zu erklären?" Um die Frage zu beantworten, wird in dieser Hausarbeit zunächst der Blick auf das Phänomen und die soziologische Wichtigkeit gelegt, dann wird die Theorie erklärt, um im Folgenden die Analyse zu verfassen. Im Fazit soll die oben genannte Fragestellung beantwortet werden, sowie ein kurzer Ausblick auf weitere möglichen Untersuchungen gegeben werden.

2 Hinführung zu dem soziologischen Phänomen

Um die Argumentationen von Impfgegner*innen und Impfbefürworter*innen analysieren zu können, muss sich in dieser Arbeit zunächst mit der eigentlichen Aufgabe und Zielsetzung einer Schutzimpfung auseinandersetzt werden. Schutzimpfungen aller Art, egal ob Lebendimpfstoffe oder Totimpfstoffe, verfolgen das Ziel der Immunisierung und des Schutzes vor einer virulenten Krankheit. Das Prinzip stellt dabei immer das gleiche dar. Über eine Impfung wird dem Körper ein Erreger zugeführt, welcher die Immunität herbeiführen soll. Durch diese gebildeten Abwehrstoffe ist das Immunsystem in der Lage, den Körper zu schützen, wenn der krankmachende Erreger erneut in Kontakt mit dem Körper tritt (vgl. Groffik 2020: 26). Die Geimpften sollen in erster Linie einen Individualschutz erhalten, wodurch die individuelle Gesundheit geschützt werden soll. Die Masse der Geimpften soll dann zweitens eine Herdenimmunität hervorbringen, also einen kollektiven Schutz für die öffentliche Gesundheit (vgl. Kießling 2020: 1). Durch die steigende Durchimpfungsquote können dann auch Menschen einen Schutz erfahren, die aufgrund unterschiedlichster Faktoren nicht geimpft werden können oder lediglich nicht geimpft werden wollen. Idealerweise werden so die Ausbreitungsmöglichkeiten sowie auch die Übertragbarkeit des Viruserregers eingedämmt (vgl. Kriwy 2007: 28). Somit wird auch die soziologische Wichtigkeit des Themas Impfen deutlich. Durch die Entscheidung für eine Impfung oder das bewusste Unterlassen, treffen Menschen eine Handlungsentscheidung, die in erster Linie sie als Individuen betreffen und zugleich innerhalb der Gesellschaft mit ihren Folgen von Bedeutung ist. Auch andere Individuen, welche ebenfalls Teil dieser Gesellschaft sind, sind von dieser Entscheidungsfreiheit, über die der oder die Einzelne verfügt, betroffen. Denn nur die „gesamtgesellschaftliche Durchimpfungsquote [...] ist das zentrale Kriterium, an dem der Erfolg der Impfpolitik gemessen wird." (Kriwy 2007: 45) Impfen kann daher ausschließlich aufgrund hoher Solidarität oder genügend Eigeninteresse erfolgreich sein. Aus welchen Motivationen heraus Menschen eine Entscheidung treffen, soll in dieser Arbeit genauer untersucht werden.

3 Theoriebasis

3.1 Begriffsdefinitionen

Um im Teil der Analyse auf das Impfen als soziales Handeln einzugehen, werden in diesem Abschnitt zuerst einige Begriffserklärungen gegeben. Der Begriff des Handelns bedeutet nach Weber jegliches Tun, Unterlassen oder

Dulden, was das Individuum mit einem subjektiven Sinn verbindet (vgl. Hillmann 1994: 318). Weber als Vertreter des Idealismus, versuchte die „‚Regelmäßigkeit' des Handelns zw. ‚subjektiv sinnhaft' handelnden Personen als ‚regelmäßiges' Ergebnis der kulturellen Vorgaben [...] zu deuten." (Hillmann 1994: 320) Das soziale Handeln orientiert sich am Verhalten anderer. Dabei geht es um vergangenes, gegenwärtiges und künftiges Verhalten. So ist nicht jedes Handeln auch ein soziales Handeln. Wenn sich das innere Sichverhalten am Verhalten anderer orientiert ist es sozial und äußeres Handeln ist nicht sozial, wenn es sich ausschließlich am Verhalten von Objekten orientiert (vgl. Weber 2002: 670f.). Die soziale Beziehung ist laut Weber die Beziehung von Personen oder Gruppen, deren Aktionen, also Denken und Handeln, aufeinander aufbauen und sich aufeinander beziehen (vgl. Weber 2002: 676).

3.2 Die Handlungstypologie nach Max Weber

Nachdem nun die nötigen Begriffe für Webers Theorie geklärt wurden, folgt in diesem Teil der Arbeit die Theoriebasis. Webers Handlungstypologie untersucht auf der Mikroebene die Handlungen der Individuen. Weber entwirft als methodisches Werkzeug den Idealtypus, der in der Realität als solcher nicht vorkommt, aber als Konstrukt eines streng einer Handlungstypologie folgendem Handelns als künstliche Überspitzung, um reales Handeln als Abweichung davon zu verstehen, dient (vgl. Weber 2002: 656 f.). „Wie jedes Handeln kann auch das soziale Handeln bestimmt sein" (Weber 1960: 20). Weber differenziert das soziale Handeln durch vier unterschiedlichen Handlungstypologien. Zweckrationales Handeln ist immer bestimmt von einem zu erreichenden Ziel. Es ist abzuwägen, ob Mittel, Zweck und Nebenfolgen nötig und für den Handelnden tragbar sind, um einen subjektiven Sinn oder ein individuelles Ziel zu erreichen. Diese Art von Handeln ist durch eine Kosten-Nutzen-Abwägung rationalen Handelns und weder von Emotionen noch von Werten beeinflusst. Allerdings kann „die Entscheidung zwischen konkurrierenden und kollidierenden Zwecken und Folgen [...] dabei ihrerseits wertrational orientiert sein: Dann ist das Handeln nur in seinen Mitteln zweckrational." (Weber 1960: 21) In Anbetracht des wertrationalen Handelns setzt der Handelnde seine Überzeugungen ethischen, religiösen, ästhetischen Ursprungs in den Vordergrund seiner Handlung. Das Realisieren dieser Überzeugungen hat höchste Priorität, dabei wird sogar der Erfolg oder die Folgen des Handelns außer Acht gelassen (vgl. Weber 1960: 20f.). „Im Alltagsverständnis wird ein solches Verhalten oft als idealistisch bezeichnet." (Schroer 2017: 56) Dieses Zitat drückt erneut die Priorisierung der Wertvorstellungen und der Verwirklichung dieser aus. Beim affektuellen Handeln agiert der Handelnde nicht rational oder wertgeleitet, sondern aus einem Affekt heraus. Affektuelles Handeln unterscheidet sich vom wertrationalen Handeln vor allem durch die „konsequente planvolle Orientierung" (Weber 1960: 20), die sich auf letzteres bezieht. Die Folgen des Handelns werden hier nicht bedacht, da es meist spontane Reaktionen sind, begründet durch Emotionen oder Gefühlslagen (vgl. Weber 1960: 20f.). Das traditionale Handeln ist ebenso wenig „‚sinnhaft' orientiertes Handeln" (Weber 1960: 20) wie das affektuelle Handeln. Es ist einzig eine eingestellte Angewohnheit die sich in Gewohnheiten und Alltag etabliert hat und daher ohne eindringliches Nachdenken oder Hinterfragen vollzogen wird (vgl. Weber 1960: 20f.). Sozusagen ein bloßes „Reagieren auf gewohnte Reize" (Weber 1960 20).

4 Analyse

4.1 Beweggründe von Impfbefürworter*innen

Hinter der Idee von Impfungen stehen grundsätzlich zwei polarisierte Gruppen, die unterschiedlichste Argumentationen für ihre Positionen an den Tag legen (vgl. Kriwy 2007: 40). Im Folgenden wird das Augenmerk auf die Beweggründe von Impfbefürworter*innen gelegt.

Die Wirksamkeit einer Impfung ist durch einige Beispiele deutlich zu belegen. Seit 1990 kam es aufgrund der Einführung der Schluckimpfung nicht mehr zu Infektionen durch Polio-Wildviren. Zudem unterliegen Impfstoffe dem deutschen Arzneimittelrecht und erhalten so nur eine Zulassung, wenn die Wirksamkeit nachgewiesen ist (vgl. Groffik 2020: 176). So ergibt sich nach Befragungen aus dem Jahr 2009, dass sich 35% der Befragten impfen lassen, sobald eine für sie relevante Impfung vorhanden ist. 10% geben an, dass sie sich generell immer impfen lassen oder Impfungen auffrischen lassen, sobald es nötig ist. 5 % geben an, eine Impfbereitschaft zu haben und sich impfen zu lassen, dass dies aber lediglich in Vergessenheit gerät und daher keine Impfung stattfindet (vgl. Grass Roots zit. nach de.statista.com 2009: 6). Nach Befragungen aus dem Jahr 2019 geben 79% der Befragten als Grund für ihre letzte Impfung die Empfehlung von Ärzt*innen an. Um ins Ausland reisen zu dürfen, müssen bei Überquerung mancher Landesgrenzen oftmals Impfungen nachgewiesen werden. Ein Beispiel dafür ist die Gelbfieberimpfung, die bei Einreise in Endemiegebiete überprüft wird (vgl. Prosinger 2019: 7). So geben 17% der Befragten eine Auslandsreise als Impfgrund an. Schaut man sich die Gründe für Impfungen an, so wird deutlich, dass nicht nur die Empfehlung von Ärzt*innen, sondern bei 11% auch die Familie und Freunde Grund sind, dass sich die Befragten haben impfen lassen. 10 % machen die Angabe, dass eine Empfehlung von gesundheitlichen Behörden ausging. Auch eine gesetzliche Vorschreibung geben 7% der Befragten als Grund ihrer letzten Impfung an (vgl. Special Eurobarometer 488 2019: 79). In einer weiteren Umfrage aus dem Jahr 2012 wurden die Teilnehmer*innen befragt, ob sie sich schon einmal aus Solidarität zu anderen Personen, die sich besonders leicht anstecken könnten, haben impfen lassen, um diese nicht zu gefährden. Das insgesamte Abbild ergab, dass 20% der Befragten aus diesem Grund schon einmal eine Impfung bekommen haben. 79% geben an, dass sie aus diesem Grund noch nicht geimpft wurden (vgl. BZgA 2012: 33). Die Gründe, die Impfbefürworter*innen angeben, sind unterschiedlichsten Ursprungs und aus unterschiedlichen Motiven heraus zu erklären. Man kann also festhalten, dass die Gründe allgemein gesagt Solidarität, Empfehlungen, Eigennutze oder Vorschriften sind.

4.2 Beweggründe von Impfskeptiker*innen

Nachdem in dieser Arbeit der Blick auf die Wirkung von Impfungen und die Argumente von Impfbefürworter*innen gelegt wurde, wird sich im Folgenden mit der Argumentation und den Beweggründen von Impfskeptiker*innen beschäftigt.

Obwohl Impfungen „zu den wichtigsten und wirksamsten präventiven Maßnahmen, die in der Medizin zur Verfügung stehen, um sich vor einer ansteckenden Krankheit zu schützen" (Bundesministerium für Gesundheit 2020) zählen, gibt es Gegenstimmen zu dieser Ansicht. Der Anteil der Impfgegner*innen ist in Deutschland mit schätzungsweise 3-5% eher gering angesiedelt. Trotzdem ist ihre Einflussnahme auf die allgemeine Impfakzeptanz nicht zu unterschätzen, denn vor allem durch moderne Vernetzungsmöglichkeiten etablierte sich eine Bewegung von Impfkritiker*innen, national wie auch international. Diese gegründeten Gesellschaften stützen ihre Ansichten mit Publikationen aus den eigenen Reihen und üben somit Einfluss auf das Impfgeschehen aus (vgl. Meyer/Reiter 2004: 1183f.). Hans Tolzin schreibt in seinem Buch *Macht Impfen Sinn?* die Zeilen, dass eine unabhängige Meinung beim Großteil der Bevölkerung auf wenig Verständnis stoßen würde und Betroffene oftmals aufgrund ihrer Ansichten als „unverantwortlich, charakterschwach oder gar als kriminell" (Tolzin 2016: 12) deklariert werden würden (vgl. Tolzin 2016: 12). Erneut wird an dieser Stelle die Statistik aus dem Jahr 2009 zur generellen Impfeinstellung herangezogen. 24 % der Befragten geben an sich generell nicht impfen zu lassen (vgl. Grass Roots zit. nach de.statista.com 2009: 6). Die Gründe dafür sind ebenso unterschiedlichen Ursprungs, wie die Argumente der Impfbefürworter*innen. Laut einer Statistik aus dem Jahr 2016 geben 54% der Befragten an, dass das Impfen ausschließlich ein Geschäft mit der Angst sei und ebenfalls 54% geben als Begründung an, dass Langzeitfolgen der Impfungen noch nicht genug erforscht und daher noch nicht bekannt sind. Angst vor schweren Nebenwirkungen hatten 45% und 28% halten das Bestreiten einer Kinderkrankheit für einen effektiveren Schutz als eine Schutzimpfung um den Krankheitsverlauf zu mildern oder die Krankheit nicht zu durchlaufen. 24% fehlt ein Wirksamkeitsnachweis der Impfungen (vgl. KBS zit. nach de.statista.com 2016: 6). Des Weiteren werden folgende Argumente verwendet, die sich unter den drei Überpunkten Impfschäden, Überflüssigkeit und ökonomischer Interessenvertretung zusammenfassen lassen. „Impfungen sind wirkungslos, da Geimpfte erkranken." (Meyer/Reiter 2004: 1182), „[v]irale Impfstoffe verändern das Erbgut" (ebd.) und „[s]ie werden gegen Andersdenkende eingesetzt." (ebd.) Das ist allerdings nur eine geringe Auswahl der Argumente, verdeutlicht aber die Grundeinstellungen und dient im weiteren Verlauf zur Analyse der Argumente anhand der Handlungstypologie von Max Weber.

4.3 Impfen als soziales Handeln

Mit dem bisherigen Wissen lässt sich nun die Analyse verfassen. Zunächst muss das Impfen als soziale Handlung definiert werden, um die verschiedenen Gründe für eine Inanspruchnahme oder eine Unterlassung einer Impfung anhand der Handlungstypen zu analysieren. Wenn man das Impfen als eine nach Weber definierte soziale Handlung ansieht, dann wird deutlich, dass der eigene Schutz und das Eigeninteresse, welche der Handelnde verfolgt, nicht ausschließlich maßgebend für diese Handlung sind. Sich aus Solidarität impfen zu lassen, beispielsweise, weil man Bekannte schützen möchte und diese nicht anzustecken vermag, zeigt eine Orientierung an ihnen. Man handelt so, dass die betroffene Person sich ihrer Gewohnheiten oder Interessen entsprechend verhalten kann. Ein Beispiel wäre hierfür die aktuelle Corona Pandemie. Eine Orientierung an „vergangene[m], gegenwärtige[m] oder [...] künftige[m] Verhalten anderer" (Weber 2010: 16) kann also den Grundstein für eine Impfentscheidung legen. Wie in den ersten zwei Teilen dieser Arbeit bereits angeführt, setzt ein erfolgreiches Impfgeschehen eine hohe Durchimpfungsquote und eine damit einhergehende Herdenimmunität voraus (vgl. Kießling 2020: 1). Ebenfalls richtet sich diese vorausgesetzte Solidarität nicht nur an nähere Bekannte. Als Handelnder empfindet man eine allgemeine Solidarität die alle Mitmenschen in der Gesellschaft betrifft. Nach Weber können diejenigen, an denen sich orientiert wird „Einzelne und Bekannte oder unbestimmt Viele und ganz Unbekannte sein." (Weber 2010: 16) Somit ergibt sich der Schluss, dass Impfen nach Weber eine soziale Handlung ist. Da das soziale Handeln „wie jedes Handeln [...] bestimmt sein [kann]" (Weber 2010: 17), wird im Folgenden die Handlung des Impfens anhand Webers Handlungstypologie erläutert.

4.4 Analyse der Beweggründe anhand Webers Handlungstypologie

Zu Anfang muss festgehalten werden, dass die Erklärung des sozialen Handelns mithilfe dieser Handlungstypologie einem Idealtypus entspricht. Die Theorie wird daher an manchen Stellen nicht absolut deckungsgleich und anwendbar sein. Sie dient lediglich zur Erklärung und zum Verstehen der Beweggründe der polarisierten Parteien und zeigt auf, dass die Gründe zur

Entscheidungsfindung unterschiedlichen Ursprungs sind, der sich mit dieser Theorie erklären lässt. Daher wird die Theorie als solche sehr frei betrachtet, weil in einem solchen Entscheidungsprozess ebenso andere Einflussfaktoren berücksichtigt werden müssen, und eine Handlung nicht ausschließlich an einem Handlungstypus erklärt werden kann. Eine solche Erklärung käme demnach einem Idealtypus gleich. Deshalb wird im Folgenden Analyseteil nicht berücksichtigt, wie viele verschiedene Gründe letztendlich zu einer Impfentscheidung des Individuums führen, sondern der Blick wird lediglich auf eine deterministische Erklärung genannter Hauptgründe, anhand der vier unterschiedlichen Handlungstypen, gelegt. Betrachtet man die Gründe für eine Impfentscheidung zeigt sich deutlich, dass der Großteil der sich Impfenden die Empfehlung von Ärzt*innen als Hauptgrund nennen. Darauf könnte man zum einen natürlich das affektuelle Handeln anwenden. Die Patient*innen werden von verschiedenen Seiten beeinflusst, und aus der Beratung beispielsweise durch eine*n Ärzt*in heraus wird die Impfung wahrgenommen. Es wurde sich in diesem Fall dann nicht mehr eigenständig mit Impfungen und ihren Folgen auseinandergesetzt, sondern lediglich aus dem Affekt der Empfehlung heraus gehandelt. Wenn auch praktische Gründe, wie beispielsweise eine aufwendige zweite Terminvereinbarung, die Entscheidung beeinflussen, ist es trotz dessen eine Handlung aus dem Affekt heraus. Ein weiterer Grund für eine Impfung war bei manchen der Befragten eine bevorstehende Auslandsreise. Dieses Handeln ist ausnahmslos zweckrational. Es wird gehandelt, um ein Ziel zu erreichen, um einen Zweck zu erfüllen. Die Impfung erfüllt den Zweck der Einreisegenehmigung und stellt somit ein Mittel zum Zweck dar. Die möglichen Impffolgen unterliegen in diesem Fall einer Interessenabwägung und werden somit in Kauf genommen. Aus der Empfehlung von Familienmitgliedern heraus zu handeln, kann mit dem traditionellen Handeln erklärt werden. Wenn man schon als Kind einen gepflegten Impfpass hatte und die Erziehungsberechtigten viel Wert auf regelmäßige Auffrischungen gelegt haben, dann wird nur noch aus Gewohnheit gehandelt. Es ist aus der eigenen Kindheit bekannt und gehört zur Routine regelmäßig seinen Impfpass zur Kontrolle zu geben. Traditionales Handeln ist daher meistens an die eigene Sozialisierung geknüpft und daran welche Werte, Traditionen, Gewohnheiten oder Routinen einen auf dem Lebensweg begleiten. Eine Impfung aus Solidarität wahrzunehmen ist in der jetzigen Zeit ein sehr präsentes Thema (vgl. Kießling 2020: 1). Dieser Beweggrund ist mit dem wertrationalen Handeln zu erklären. Das Eigeninteresse und die Folgen werden außer Acht gelassen und das Augenmerk liegt auf der Verwirklichung und Realisierung seiner eigenen Werte. In diesem Fall sind es soziale Werte wie Solidarität, die das Individuum zum Handeln bewegen. In dieser Anlehnung wird das soziale Handelns Webers in seiner Definition noch einmal verdeutlicht. Schaut man sich nun die Beweggründe der Impfskeptiker*innen an, wird deutlich, dass das wertrationale Handeln zwar einen wichtigen Erklärungsansatz bietet aber die Beweggründe nicht allein dadurch zu erklären sind. Man muss an dieser Stelle aber zwischen Impfgegner*innen und Impfskeptiker*innen unterscheiden und die Argumente differenziert betrachten. Der meistgenannte Grund ist, dass Impfen alleinig ein Geschäft mit der Angst sei. Hier wird das wertrationale Handeln eine Erklärung liefern, warum trotz wissenschaftlicher Belege, Seriosität, und jahrelanger Erfahrungen im Bereich der Immunität diese Meinung in der Bevölkerung Fuß fasst (vgl. Meyer/Reiter 2004: 1184f.). Bei Impfgegner*innen lässt sich ausschließlich das wertrationale Handeln als Begründung der Handlung anbringen. Die Folgen einer ausgelassenen Impfung werden dabei nicht berücksichtigt. Weder für sich selbst noch für seine Mitmenschen. Werte, Überzeugungen und die Ansicht, dass Impfungen ohne Wirkung seien und bloß ein Geschäft mit der Angst, sollen realisiert werden und an die Öffentlichkeit gelangen (vgl. Meyer/Reiter 2004: 1184 f.). „Sie argumentieren in der Regel irrational und unwissenschaftlich." (Meyer/Reiter 2004: 1185) Schaut man sich jedoch auch Beweggründe von Impfskeptiker*innen an, zeigt sich, dass es auch hier unterschiedliche Ursprünge gibt. Sie sind weniger durch wertrationales Handeln zu erklären als durch zweckrationales Handeln. Die Gründe der Angst vor Nebenwirkungen sowie des Bedenkens über die nicht erforschten Langzeitfolgen erklären in erster Linie das zweckrationale Handeln. Im Gegenteil zu den Impfbefürworter*innen wird hier das Nicht-Impfen als Mittel zum Zweck genutzt. Hierbei ist der Zweck, nicht an einer Nebenwirkung zu erkranken oder weitere Folgekrankheiten zu erleiden, zu umgehen. Ein weiterer Grund, sich nicht impfen zu lassen, ist für einige der Befragten, dass das Durchleben einer Krankheit einen effektiveren Schutz darstellt und der Körper eine bessere Immunität entwickelt. Durch das traditionale Handeln ist auch dieser Beweggrund zu erklären. Wenn eine Erkrankung bereits stattgefunden hat und der Verlauf nicht schwerwiegend war, dann orientiert man sich an seinen eigenen Erfahrungen und verhält sich diesen entsprechend. Auch damit in Verbindung zu bringen ist wiederum der Gesichtspunkt der Sozialisierung. Wenn man als Kind selbst nicht geimpft wurde und Impfungen innerhalb der Familie keine hohe Priorität darstellen, dann könnte auch der Gang zur Impfpasskontrolle als Erwachsener minder priorisiert werden.

5 Fazit

Dieser Analyse des Verhaltens würde wohl kaum ein Patient oder eine Patientin zustimmen und sich ein Handeln aus dem Affekt oder aus Tradition heraus zuschreiben, allerdings ist genau dieser Punkt interessant zu analysieren, da hinter der Handlung eines einzelnen Individuums oftmals etwas steckt, was der oder die Einzelne selbst nicht durchschaut oder beabsichtigt. Die Analyse hat gezeigt, dass die Beweggründe, die hinter einer Inanspruchnahme oder einer Nichtinanspruchnahme einer Impfung stecken, oftmals tiefgreifender sind als das pure Eigeninteresse an einem Impfschutz oder das Rebellieren gegen wissenschaftliche Erkenntnisse. Mit dieser Analyse lässt sich die Anfangsfrage erneut aufgreifen und beantworten. Für weitere Arbeiten wäre nun interessant zu untersuchen, wie Impfgegner*innen zu ihren Ansichten kommen und warum diese in der Gesellschaft immer mehr Gehör finden. Des Weiteren wäre zu analysieren, inwiefern diese Antihaltung eine Gruppenidentifikation schafft und sich Menschen durch Haltungen und Ansichten identifizieren oder wie die polarisierten Gruppen in einen Diskurs miteinander treten. Dies könnte anhand einer Kommunikationstheorie untersucht werden.

Bibliographie

Bundesministerium für Gesundheit (2020): Impfungen. Schutzimpfungen. URL: https://www.bundesgesundheitsministerium.de/themen/praevention/impfungen/schutzimpfungen.html , Abruf am 16.03.2021.

Bundeszentrale für gesundheitliche Aufklärung (2013): Einstellungen, Wissen und Verhalten der Allgemeinbevölkerung zur Hygiene und Infektionsschutz. URL: http://www.bzga.de/pdf.php?id=7eae0a1001db7a52e3d6d1e9b33af4df , Abruf am 16.03.2021.

Europäische Kommission (2019): Special Eurobarometer 488. Europeans' attitudes towards vaccination. URL: https://ec.europa.eu/commfrontoffice/publicopinion/index.cfm/ResultDoc/download/DocumentKy/86496 , Abruf am 16.03.2021. S.79. Zitiert nach de.statista.com.

Grass Roots (2009): Impfungen und die Schweinegrippe. URL: https://de.statista.com/statistik/daten/studie/74458/umfrage/allgemeine-einstellung-der-deutschen-zum-impfen/ , Abruf am 16.03.2021. Zitiert nach de.statista.com.

Groffik, Christian (2020): Impfen. Eine Entscheidungshilfe für Eltern. Berlin, Heidelberg: Springer Berlin Heidelberg.

Hillmann, Karl-Heinz (1994): Wörterbuch der Soziologie. 4. Aufl. Stuttgart: Alfred Kröner Verlag.

KBS (2016): Knappschaft- Kleiner Piks, große Wirkung. URL: https://www.knappschaft.de/DE/1_navi/03_gesundheit/11_umfragen/03_vorsorge/broschuere.pdf;jsessionid=99B1D0458C02331DD8042ECF6DA8B987?__blob=publicationFile&v=2 , Abruf am 16.03.2021. S.6.

Kießling, Andrea (2020): Bald wird geimpft. Berlin: o.A.

Kriwy, Peter (2007): Gesundheitsvorsorge bei Kindern. Eine empirische Untersuchung des Impfverhaltens bei Masern, Mumps und Röteln. Wiesbaden: VS Verlag für Sozialwissenschaften.

Meyer, C.; Reiter, S. (2004): Impfgegner und Impfskeptiker, Bundesgesundheitsblatt, 47: 1182-1184.

Prosinger, Birgit (2019): Impfen. Stuttgart: Deutscher Apotheker Verlag.

Schroer, Markus (2017): Soziologische Theorien. Von den Klassikern bis zur Gegenwart. Paderborn: Wilhelm Fink.

Tolzin, Hans U.P. (2016): Macht Impfen Sinn?. Band 1: Wirksamkeit, Sicherheit und Notwendigkeit aus kritischer Sicht. 2. Aufl. Herrenberg: Tolzin Verlag.

Weber, Max (1960): Soziologische Grundbegriffe. Tübingen: J.C.B. Mohr.

Weber, Max (2002): Schriften 1884-1922. Stuttgart: Alfred Kröner Verlag.

Weber, Max (2010): Wirtschaft und Gesellschaft. Das grundlegende Werk über Entstehung und Wirkung politischer und ökonomischer Macht. Frankfurt: Zweitausendeins.

BEI GRIN MACHT SICH IHR WISSEN BEZAHLT

- Wir veröffentlichen Ihre Hausarbeit, Bachelor- und Masterarbeit
- Ihr eigenes eBook und Buch - weltweit in allen wichtigen Shops
- Verdienen Sie an jedem Verkauf

Jetzt bei www.GRIN.com hochladen und kostenlos publizieren